Nuestro Sistema Solar

Yolanda Ridge

Todo sobre el espacio

LIGHTBOX
openlightbox.com

LIGHTBOX

Entre a **www.openlightbox.com** e ingrese el código único de este libro.

CÓDIGO DE ACCESO

LBXG9447

Lightbox es una completa solucióndigital para enseñar y aprender temas curriculares de una manera original e innovadora. Lightbox se basa en las Normas Curriculares Nacionales.

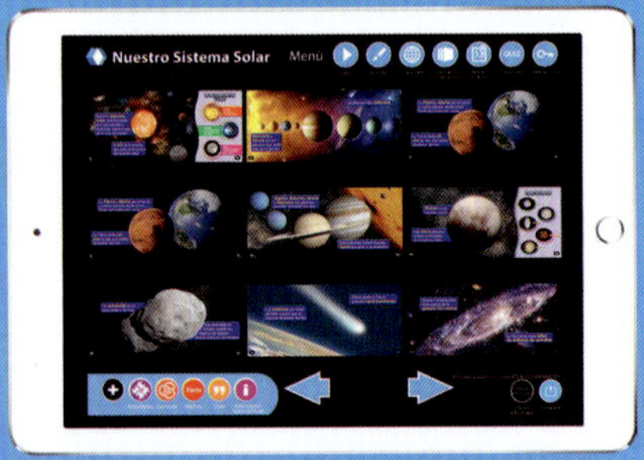

OPTIMIZADO PARA

- ✓ TABLETAS
- ✓ PIZARRAS ELECTRÓNICAS
- ✓ COMPUTADORAS
- ✓ ¡Y MUCHO MÁS!

CARACTERÍSTICAS ESTÁNDAR DE LIGHTBOX

- **AUDIO** Narraciones de alta calidad con sistema de texto a voz
- **VIDEOS** Videoclips de alta definición incorporados
- **ACTIVIDADES** PDFs imprimibles que pueden enviarse por correo electrónico y calificarse
- **ENLACES WEB** Enlaces cuidadosamente seleccionados con recursos seguros para niños
- **PRESENTACIÓN EN DIAPOSITIVAS** Ilustraciones gráficas de los conceptos clave
- **MAPAS INTERACTIVOS** Mapas interactivos e imágenes satelitales aéreas
- QUIZ **CUESTIONARIOS** Diez preguntas de elección multiple con puntaje automático que se envían por correo electrónico al docente para su evaluación
- **PALABRAS CLAVE** Combinación de los conceptos clave con sus definiciones

RECURSOS SUPLEMENTARIOS

- **COMPARTE** Comparte títulos dentro de tu Sistema de Gestión de Aprendizaje (LMS) o Sistema de Circulación de Bibliotecas
- **CURRÍCULO** Encuentre correlaciones curriculares Nacionales y Estatales.
- **CITAS** Crea referencias bibliográficas siguiendo los estilos de APA, CMOS y MLA

VIDEOS

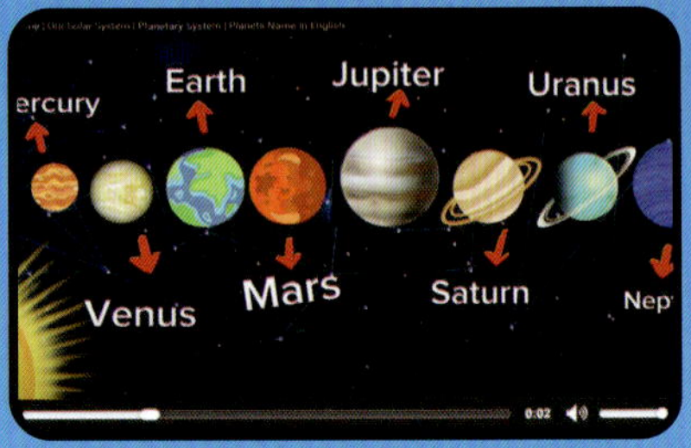

ENLACES WEB

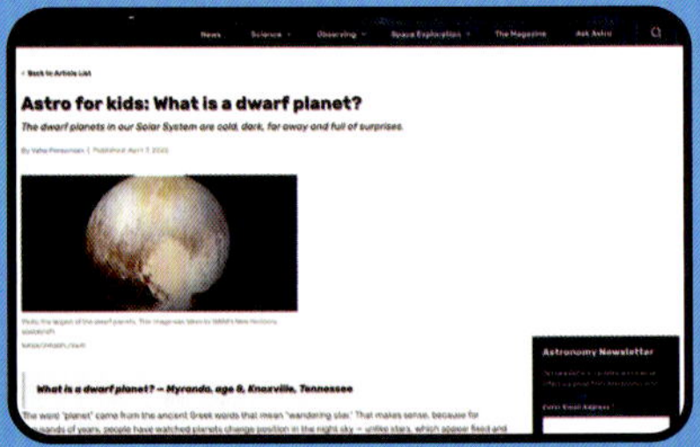

PRESENTACIÓN EN DIAPOSITIVAS

La Misión Espacial Apolo 11 se realizó en 1969

CUESTIONARIOS

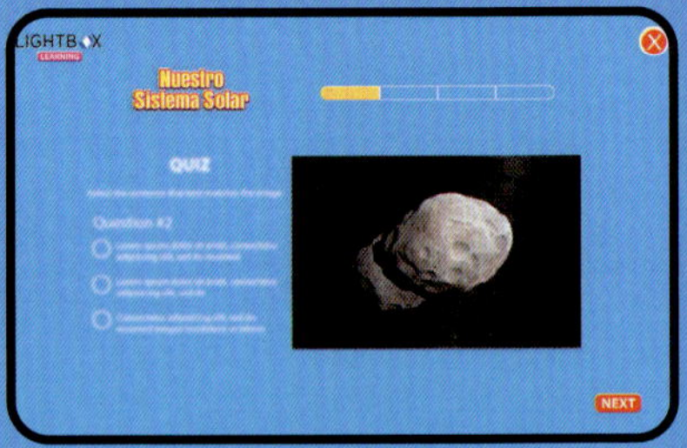

Este título está incluido en nuestra suscripción digital de Lightbox

Suscripción en español de K–5 por 1 año
ISBN 978-1-5105-5935-6

Accede a cientos de títulos de Lightbox con nuestra suscripción digital.
Regístrate para una prueba **GRATUITA** en **www.openlightbox.com/trial**

Se garantiza que los componentes digitales de este libro estarán activos por al menos cinco años desde la fecha de publicación.

Todo sobre el espacio

Nuestro Sistema Solar

CONTENIDOS

Nuestro **sistema solar** está formado por una estrella y todos los objetos que giran a su alrededor.

El **Sol** es la estrella que está en el centro del sistema solar.

ESTRELLAS, PLANETAS Y LUNAS

Estrella
Bola de gases calientes y brillantes

Planeta
Objeto grande y redondo que gira alrededor de una estrella

Luna
Gran objeto espacial que gira alrededor de un planeta

Mercurio y **Venus** son los planetas que están más cerca del Sol.

Los dos son muy **calientes**.

La **Tierra** y **Marte** son el tercer y cuarto planeta desde el Sol. Están formados por rocas.

La Tierra tarda **un año** en dar una vuelta alrededor del Sol.

La **Tierra** tiene **una luna** que gira a su alrededor.

El hombre ha caminado en la **Luna**.

MISIÓN ESPACIAL APOLO 11

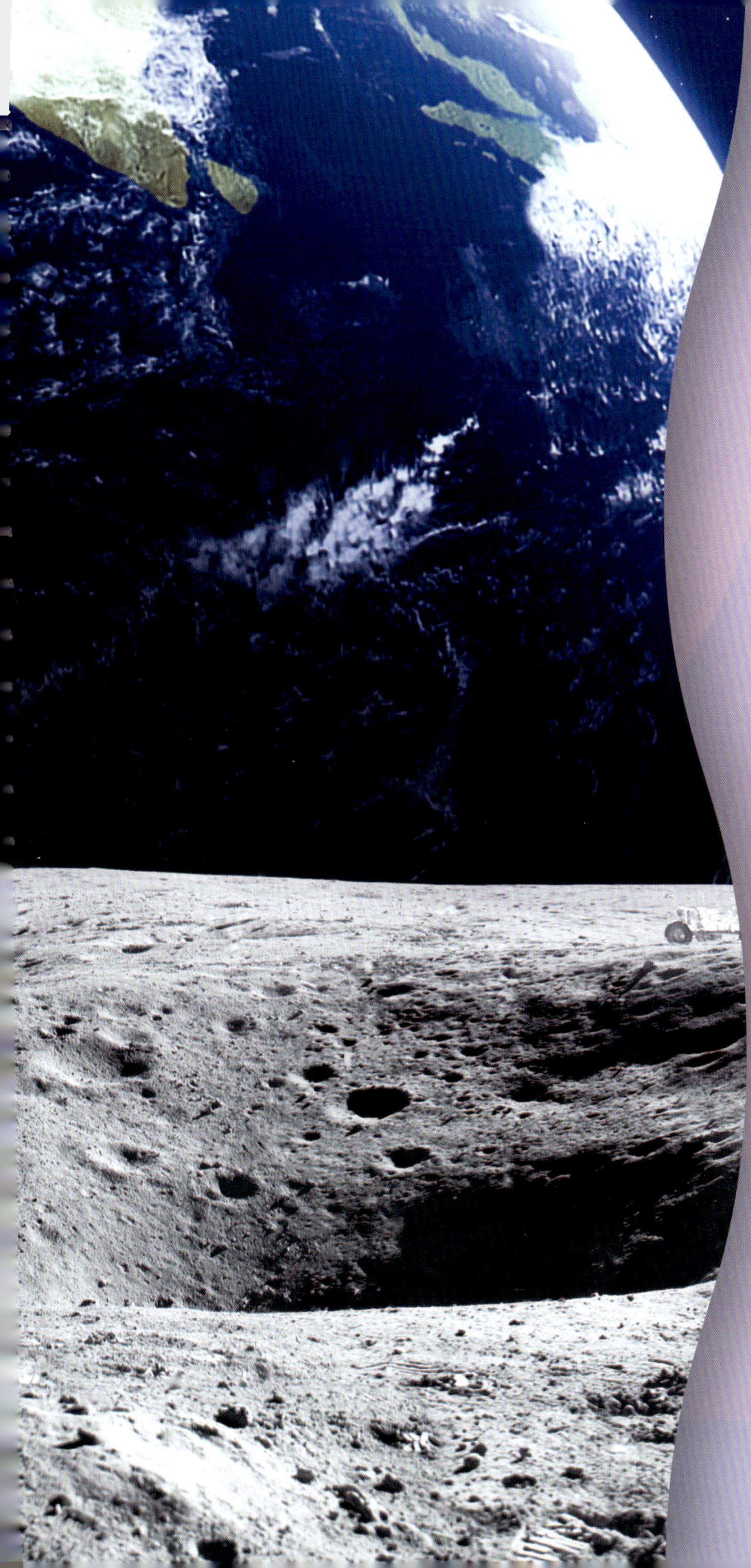

La misión se realizó en 1969.

Se lanzó desde el Centro Espacial Kennedy de Florida.

Llevaba a las primeras personas que pisarían la Luna.

Júpiter, **Saturno**, **Urano** y **Neptuno** son planetas grandes formados por gas.

Estos planetas tienen muchas **lunas** que giran a su alrededor.

Plutón es un planeta enano.

Hay **cinco** planetas enanos principales en el sistema solar.

PLANETAS ENANOS

Ceres

Eris

Haumea

Makemake

Plutón

Un **asteroide** es un gran pedazo de roca.

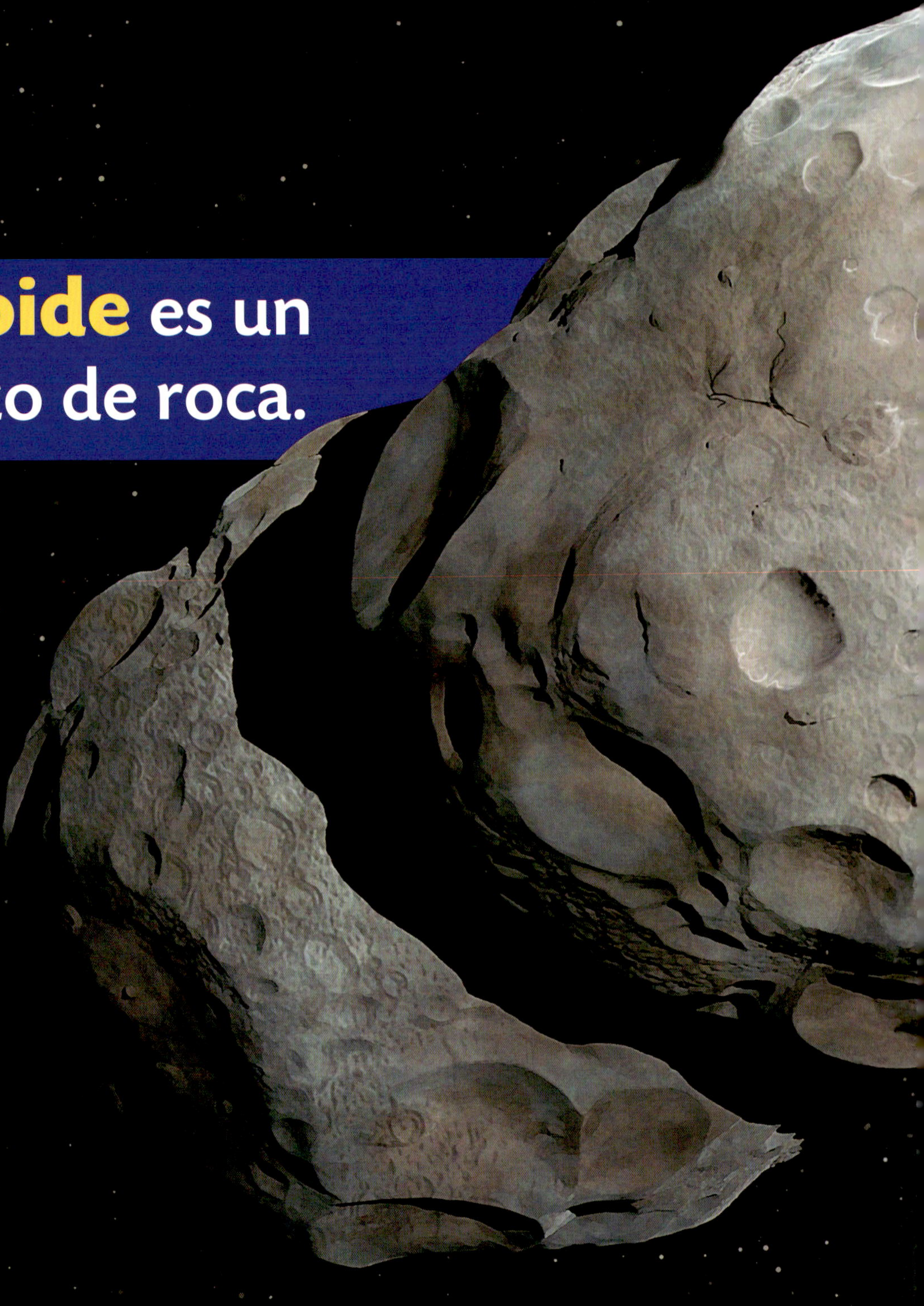

Los asteroides se forman cuando los objetos del espacio chocan entre sí y se rompen.

Los **cometas** son bolas de hielo y polvo que se mueven alrededor del Sol.

Vistos desde la Tierra, parecen **rayas luminosas**.

Nuestro sistema solar forma parte de la **galaxia Vía Láctea**.

La Vía Láctea tiene **miles de millones de estrellas**.

DATOS SOBRE EL SISTEMA SOLAR

Estas páginas ofrecen información detallada sobre los interesantes datos de este libro. Están dirigidas a los adultos, como soporte, para que ayuden a los jóvenes lectores a redondear sus conocimientos sobre el espacio.

Páginas 4–5

Nuestro sistema solar está formado por una estrella y todos los objetos que giran a su alrededor. Todo lo que orbita el Sol pertenece a nuestro sistema solar. Los objetos del espacio giran alrededor del Sol debido a la fuerte atracción gravitacional de la estrella. Nuestro sistema solar tiene ocho planetas, Mercurio, Venus, la Tierra, Marte, Júpiter, Saturno, Urano y Neptuno, y sus respectivas lunas. También hay planetas enanos y objetos espaciales más pequeños, como asteroides y cometas, que forman parte del sistema solar.

Páginas 6–7

Mercurio y Venus son los planetas que están más cerca del Sol. Mercurio es el planeta más pequeño de nuestro sistema solar. Aunque está más cerca del Sol que Venus, Venus es más caliente porque tiene una atmósfera más gruesa que atrapa una gran cantidad de energía y calor. Tanto Mercurio como Venus tienen superficies rocosas. Son los dos únicos planetas del sistema solar que no tienen lunas.

Páginas 8–9

La Tierra y Marte son el tercer y cuarto planeta desde el Sol. Marte tiene la mitad del tamaño de la Tierra y una atmósfera más delgada. Tiene dos lunas. La Tierra es el único planeta del sistema solar con agua líquida en su superficie y el único lugar donde se sabe que hay vida. Al igual que los demás planetas, la Tierra se mueve alrededor del Sol y rota sobre su eje. Por eso, la Tierra tiene diferentes estaciones en diferentes momentos del año.

Páginas 10–11

La Tierra tiene una luna que gira a su alrededor. Así como la Tierra orbita el Sol, la Luna orbita la Tierra. En 1969, la Administración Nacional de Aeronáutica y el Espacio (NASA) lanzó el Apolo 11, la primera misión que llevó a humanos a la Luna. Solo 12 personas, todas de los Estados Unidos, han caminado en la Luna.

Páginas 12–13

Júpiter, Saturno, Urano y Neptuno son planetas grandes formados por gas. Son mucho más grandes que la Tierra y están compuestos principalmente por hidrógeno y helio. Júpiter pesa más del doble que todos los demás planetas del sistema solar juntos. Cada uno de los cuatro gigantes gaseosos tiene varias lunas. Júpiter tiene 95, Saturno tiene 146, Urano tiene 27 y Neptuno tiene 14.

Páginas 14–15

Plutón es un planeta enano. Los planetas enanos son objetos que orbitan el Sol y tienen una forma redondeada. A diferencia de los demás planetas, los planetas enanos pueden estar cerca de otros objetos orbitantes de tamaño similar. Los científicos han descubierto muchos otros planetas enanos en el Cinturón de Kuiper, un área cercana a Neptuno, pero todavía no saben mucho sobre ellos.

Páginas 16–17

Un asteroide es un gran pedazo de roca. Los asteroides del sistema solar tienen un tamaño que va desde las 329 millas (529 kilómetros) hasta menos de 33 pies (10 metros) de diámetro, pero todos juntos pesan menos que la Luna. El cinturón de asteroides es una región con forma de dona que está entre las órbitas de Marte y Júpiter y tiene millones de asteroides creados durante las primeras etapas de la formación del sistema solar.

Páginas 18–19

Los cometas son bolas de hielo y polvo que se mueven alrededor del Sol. El hielo y polvo de los cometas proviene de la formación del sistema solar. Los cometas se calientan cuando su órbita los acerca al Sol. Esto hace que liberen polvo y gases formando "colas" tan grandes que pueden verse desde la Tierra. Los científicos creen que la Nube de Oort, una gran región esférica que está al borde del sistema solar, podría contener muchos cometas.

Páginas 20–21

Nuestro sistema solar forma parte de la galaxia Vía Láctea. Una galaxia es una enorme región compuesta por gases, polvo y miles de millones de estrellas. Así como las lunas orbitan los planetas y los planetas orbitan las estrellas, nuestro sistema solar orbita alrededor del centro de la Vía Láctea. Según los científicos, puede haber hasta 2 billones de galaxias en el universo.

Published by Lightbox Learning Inc.
276 5th Avenue, Suite 704 #917
New York, NY 10001
Website: www.openlightbox.com

Library of Congress Control Number: 2024933195

ISBN 978-1-5105-8517-1 (hardcover)
ISBN 978-1-5105-8518-8 (static multi-user eBook)
ISBN 978-1-5105-8520-1 (interactive multi-user eBook)

072024
112023

Printed in Guangzhou, China
1 2 3 4 5 6 7 8 9 0 28 27 26 25 24

Art Director: Terry Paulhus
Layout: Ana María Vidal
Project Coordinator: Sara Cucini
English/Spanish Translation: Translation Services USA

The publisher acknowledges Alamy, Getty Images, and Shutterstock as the primary image suppliers for this title.